I0453295

Macaws in the Sky

Guacamayas en el Cielo

All rights reserved. No part of this book may be used or reproduced in any manner without written permission from the publisher except in the case of brief quotations embodied in critical articles or reviews. Please contact: vanzanten1sbw@gmail.com

Copyright ©2025 Ingeborg van Zanten Hayes

Translator and editor of the 21 poems: Lucía Ortega Toledo;
Poems: Sound of My Soul, Innocence, Melting, Flip the Switch, The Morning Star, Musing Into Your Presence, Earthing, Many Lifetimes, The Foreboding, Whale Sharks, Driven, War Energies, Tenacity of a Badger, Red Chinese Box of Glass, Breaking Hands, Coming Home, Gut Language, Woman's Dream, Unique, Destiny, I Am

Spanish Editing: Blanca Diez and Carmen Jacobsen

All Photos: Ingeborg van Zanten Hayes except where noted below.
Book Design: Mary Meade
Section Openers by Mary M. Meade based on artwork
   by Ha Bun Su (wave) published in 1919 by Yamda Geishu Do.
Spirit doll on title page: Darlene Smith
Ying/Yang p. 35: Designed by Freepik.com

ISBN 978-1-957468-47-1

Macaws in the Sky
Guacamayas en el Cielo

PORTAL OPENING WITH POEMS AND PROSE

INGEBORG VAN ZANTEN HAYES

For my children Patrick and Kimberly,
Christa and Kimmie, & my grandchildren

⌐

Para mis hijos Patrick y esposa Kimberly,
Christa y esposo Kimmie, y nietos

❦

My words, the chatter of macaws echo through my spirit,
guiding me, weaving a thread of truth through a deeper more
authentic life. May these words rise as a doorway for you.

⌐

Mis palabras, el parloteo de las guacamayas resuenan en mi
espíritu, guiándome, tejiendo un hilo de verdad a través de
una vida más profunda y auténtica. Que estas palabras
se levanten en una puerta para ti.

GRATITUDE

My gratitude to members of the Bozeman Writer's Group, Connie Myslik-McFadden, and Carmen Jacobsen, author of *Saudade*. Thank you to Judyth Hill, who reviewed several poems. I wanted to make this book bilingual and am grateful for Blanca Diez, my friend, who encouraged me to choose the Spanish language for this book. She patiently edited the initial translations. Lucía Ortega Toledo was the translator editor of 21 poems in this book. Her friendship and creativity are contagious. Precious time was spent with poets Jan Elpel, and Susan Morgan in Bozeman. Our meetings are a dream come true. I am grateful for this miracle of poets-togetherness. Darlene Smith, lifelong artistic friend, and teacher of love created the Spirit Doll, using Macaw feathers. Finally, I am grateful to you dear reader. Enjoy both languages.

AGRADECIMIENTO

Mi gratitud a los miembros del Grupo de Escritores de Bozeman, Connie Myslik-McFadden, y Carmen Jacobsen, autora del *Saudade*. Quería que este libro fuera bilingüe y agradezco a Blanca Diez, mi amiga, qué me animó a elegir el idioma español para este libro y editó con paciencia la mayor parte de la traducción. Lucía Ortega Toledo fue el traductor y editor de 21 poemas en este libro. Su amistad y creatividad son contagiosas. Pasamos un precioso tiempo con los poetas Jan Elpel y Susan Morgan en Bozeman. Nuestras reuniones son un sueño hecho realidad. Estoy muy agradecida por este milagro de unión entre poetas. Darlene Smith, amiga artística de toda la vida y maestra del amor, creó Spirit Doll, utilizando plumas de guacamaya. Finalmente, estoy agradecida contigo, querido lector. Disfruta de ambos idiomas.

Contents

Gratitude~*Agradecimiento*~xii

My Soul

Mi Alma

Sound of My Soul~ 14
Sonido de Mi Alma~ 15

Innocence~ 18
Inocencia~ 19

Melting~ 20
Desvaneciéndose~ 21

Flip the Switch~ 22
Prender la Luz~ 23

Privilege~ 24
Privilegio~ 25

The Morning Star~ 26
La Estrella de la Mañana~ 27

Musings Into Your Presence~ 28
Reflexiones en Tu Presencia~ 29

Dilemma~ 34
Dilema~ 35

Blanca the Psychiatrist *(Dream 2020)*~ 36
Blanca, la Psiquiatra (Sueño 2020)~ 37

Earthing~ 38
En Contacto con la Tierra~ 39

Many Lifetimes~ 40
Muchas Vidas~ 41

México

⤳

The Foreboding *(Dream 2023)*~ 46
El Presentimiento (Sueño 2023)~ 47

Scent of a Memory~ 50
Aroma de un Recuerdo~ 51

Whale Sharks~ 54
Tiburones Ballena~ 55

Driven~ 56
Impulsada~ 57

Surge~ 60
Surgir~ 61

War

⤳

Guerra

War Energies~ 64
Energiás de Guera~ 65

The Owl in the Forest *(Dream, 2022)*~ 68
El Búho en el Bosque (Sueño, 2022)~ 69

Forever~ 72
Para Siempre~ 73

Tenacity of a Badger~ 74
Tenacidad de Tejón~ 75

The Body

~

El Cuerpo

Learning Body Language from the Neck Down~ 80
¡Aprendiendo el Lenguaje Corporal Desde el Cuello
Hacia Abajo!~ 81

I'm Freeing My Body at Seventy Four~ 82
Estoy Liberando Mi Cuerpo a los 74 Años~ 83

Red Chinese Box of Glass *(Dream)~ 86*
Caja China Roja de Vidrio (Sueño)~ 87

Breaking Hands~ 88
Manos Rotas~ 89

Coming Home~ 94
De Regreso a Casa~ 95

Therapy~ 104
Terapia~ 105

Gut Language~ 108
Lenguaje del Presentimiento~ 109

Woman

~

La Mujer

Woman's Dream~ 114
Sueño de Mujer~ 115

Unique~ 118
Única~ 119

Destiny~ 122
Destino~ 123

I Am~ 126
Soy~ 127

My Soul

Mi Alma

SOUND OF MY SOUL

Like a bear standing in early morning hours,
I reach for the sound of my soul,
surrounded by a grove of oaks and a pond.
I launch my voice facing West,
my body stepping clockwise into my circle of self,
flowing in four directions. Above and below as well.
Moving.

Passionate for the new, I create the space needed.
A fierce sound flows out of me into the universe,
embraced by curiosity and magic—no words yet.
Ancient currents hide inside.
Innocently, I ask to evolve new light.

I seek joy and humor,
that medicine which lifts this time and age.
Voicing is the first step of emptying
lethargy and world-weariness,
that sinkhole of depression and rusted desire.

Pushing the edge, sounding my own music
helps me fall out of my head
into my seventies-old body.
Emptying myself this way feels courageous.
The outpour makes me tremble and cry.
But not afraid.

I must trust that wisdom.
I must seek that belly mystery and attune myself
after a decade of safety living in a cave,
and welcome each spark of unfolding
like a long-lost son, daughter or friend.

SONIDO DE MI ALMA

Como un oso parado en las primeras horas de la mañana,
me estiro para alcanzar el sonido de mi alma,
rodeada de un bosque de robles y un estanque.
Lanzo mi voz mirando al Oeste,
mi cuerpo se mueve en el sentido de las agujas del reloj hacia mi
    circulo del Ser,
fluyendo en cuatro direcciones. Arriba y abajo también.
En movimiento.

Apasionada por lo nuevo, creo el espacio necesario.
Un sonido salvaje fluye desde mi hacia el universo,
abrazada por la curiosidad y la magia, aún no hay palabras.
Orrientes antiguas se esconden en mi interior.
Inocentemente, pido evolucionar: una luz nueva.

Busco alegría y humor,
esa medicina que levanta éste tiempo y ésta época.
Expresar es el primer paso para vaciarse
la letargia y el cansancio del mundo.
Ese sumidero de depresión y deseo oxidado.

Empujar el límite, hacer sonar mi propia música,
me ayuda a salirme de mi cabeza
hacia mi cuerpo de setenta años.
Vaciarme de esta manera me hace sentir valiente,
el derramamiento me hace temblar y llorar,
pero no tengo miedo.

Debo confiar en esa sabiduría.
Debo buscar ese misterio de mi vientre y sintonizarme
después de una década de seguridad viviendo en una cueva,
y dar la bienvenida a cada chispa que se despliega
como aquel hijo, hija o un amigo perdido.

I must create space to start something new in life.
Same old, same old energy must find a way out
to lift myself to heights unknown.
Dullness loosens at the cellular level.
It is time for renewal.

Tell your story, say what needs to be said!
Manifest the edge with the inhalation of the wind.
Choose wisely, walking this sacred path of fire-
mapping and releasing your music.

Debo crear espacio para comenzar algo nuevo en la vida.
La misma vieja energía debe encontrar una salida
para elevarme a alturas desconocidas.
El entumecimiento se afloja a nivel cellular.
Es tiempo de renovación.

Cuenta tu historia, di lo que hay que decir!
Manifiesta el filo con la inhalación del viento.
Elige sabiamente, recorriendo este sagrado camino de fuego.
Traza tu mapa y libera tu música.

INNOCENCE

Pearls of wonder,
childhood's muse
casting
pure and free.
I trust in what is,
what will be.

A gaze shared,
mysterious bond.
Bouncing off
silent depth.
Magic wand of hearts,
our soul, its current.

No rush, no quest,
worries drift off.
a self-embrace,
celestial ballet
where joy resides.

Innocence, a romance
with life.
A mixture
of calm and wild.
Like looking at the stars,
feeling one.

INOCENCIA

Perlas de asombro
musa de la infancia
hechizo
puro y libre.
Confío en lo que es,
lo que será.

Una mirada compartida,
vínculo misterioso rebotando una
profundidad silenciosa.
Varita mágica de corazones,
nuestra alma, su corriente.

Sin prisas, ni búsqueda,
las preocupaciones se desvanecen.
Un abrazo al sí mismo,
ballet celestial
donde el gozo reside.

Inocencia, un romance
con la vida,
una mezcla
de calma y desenfreno
como mirar las estrellas
sintiéndose uno.

MELTING

Delrina arrives
in her spiffy red and white Soul Kia
after three covid years of only Zooming.

Natural Law of Oneness knows no distance—
yet her in-person hug
has a physicality that sinks into my body.

In her presence–her sitting across from me
I search to connect with my feelings.
I tremble, my frame weak,

my nervous system knows.
The distance, the years gone by, melt away.
After she leaves, I wonder...

we could have sat here
seeing and sensing–relaxing,
breathing in the sacred recognition of the other.

Two souls, mysteriously linked in the universe.
Instead, we crowded the silence, chit chatted away,
interrupted the flow of our connection.

My bones hold the decades of friendship,
years where we bow in love, honoring each other.
Today, our souls almost touched.

DESVANECIÉNDOSE

Llega Delrina
en su elegante Soul Kia rojo y blanco
después de tres años de covid y solo hablar por Zoom.

La Ley Natural de la Unidad no conoce distancias.
sin embargo, su abrazo en persona
tiene una fisicalidad que se hunde en mi cuerpo.

En su presencia—ella sentada frente a mí.
Busco conectar con mis sentimientos.
Mi cuerpo tiembla débil,

mi sistema nervioso lo sabe.
se escapa la distancia, de los años pasados
Después de su partida, me pregunto...

podríamos habernos sentado aquí
viendo y sintiendo—relajárnos
respirando el reconocimiento sagrado de la otra.

Dos almas misteriosamente ligadas en el universo.
En cambio, llenamos el silencio, charlando,
interrumpimos el flujo de nuestra conexión.

Mis huesos guardan las décadas de amistad,
años donde nos veneramos con amor, honrándonos una a la otra.
Hoy nuestras almas casi se tocaron.

FLIP THE SWITCH

I got to flip the switch!
I really DID publish my memoir.
Why did I do that–shared intimate stuff?
I became overwhelmed with doubt.

For four days I surrounded the book by pictures
of the six grandchildren and my late husband,
two candles burning for hours,
with my medicine underneath the book.

I requested the universe,
to let my words and life be of healing to the reader.
After that I was able to flip the switch,
let go of my monkey mind.

Grateful that some of my story,
other country's history may be seen,
through the lens of generational trauma,
experts say, lasts five to seven generations.

PRENDER LA LUZ

¡Tengo que hacer un cambio brusco y radical, prender la luz!
Realmente publiqué mis memorias.
¿Por qué hice eso? ¿Compartí cosas íntimas?
Me sentí sobresaturada de dudas.

Durante cuatro días rodeé el libro de fotografías
de los seis nietos y de mi difunto esposo,
dos velas encendidas durante horas,
con mi medicina debajo del libro.

Pedí al universo
que permita que mis palabras y vida sean de sanación para el
    lector.
Después de eso pude prender la luz.
Dejé ir mi mente de mono.

Agradecida que parte de mi historia,
La historia de otro país, pueda ser vista
a través de la lente del trauma generacional,
expertos dicen que dura de cinco a siete generaciones.

PRIVILEGE

Today, at sunrise I walked Daisy.
On a trail.
Her four paws trotted with me—
on my two feet,
connecting my being, its gravity,
to the earth.

The sun warmed my back, I saw our
shadows
fall on the dew laden grass along the path,
Daisy's curled up tail cast next to me.
Feeling each footstep onto the earth,
a privilege.

I recalled Thich Nhat Hanh's
"Peace is every step," as he walked a trail.
In silence.
I wondered how much more I could experience.
At this pace.
On a trail.
In the sunrise with Daisy.

PRIVILEGIO

Hoy, al amanecer caminé con Daisy.
En un sendero.
Sus cuatro patas andaban conmigo—
sobre mis dos pies,
conectando mi ser, su gravedad,
a la tierra.

El sol calentó mi espalda, vi nuestras
sombras
Caer sobre la hierba cargada de rocío a lo largo del camino.
La cola enroscada de Daisy se lanzó a mi lado.
Sintiendo cada paso sobre la tierra,
un privilegio.

Recordé a Thich Nhat Hanh.
"La paz está en cada paso," mientras caminaba por un sendero.
En silencio.
Me pregunté cuánto más podría experimentar.
A este ritmo.
En un sendero.
Al amanecer con Daisy.

THE MORNING STAR

Waking up this morning
I search for my bright morning star
and see its luminants
weakened by clouds.
The bright splendor of this planet
as part of the universe puts
me in place for another anchored day.

LA ESTRELLA DE LA MAÑANA

Al despertar esta mañana
busco mi brillante estrella de la mañana
y veo su luminiscencia
debilitadas por las nubes.
El brillante esplendor de este planeta
como parte del universo me pone
en mi lugar para anclar otro día.

MUSINGS INTO YOUR PRESENCE

A Vietnamese woman attends my toes, while I sit in a Texas
   Spa' massage chair.
Changing the color of the nail polish from Orange to flashy
   pink—I step into Spring.
She hands me a chart—extras to the pedicure, wax for your feet?
They deserve it... I reluctantly nod.
Unexpectedly, Toby is at my side "Take care of those toes, those
   little ones."
An energy of joyful agreement surrounds his surprising
   presence.
He's been drawing near more often,
like on this trip with grandson Reece from Bozeman to Texas.
Reece's country music–fills the car with Toby's songs and
   energy.
Awareness of our growing celestial Love beyond 40 years ago.
An outpour of presence just for the receiving. You dó love me
   more!

Two Texas grandchildren choose to get baptized Sunday.
Independently they come up with this. Plunge us—The Hayes'
coming together in celebration. I write a poem, prepare a card.
Again, the Heart, that consecrated Heart
pulls my life from one future into the next.
Today, this presence of him stares me in the face.
All through my life alone, I receive them, in books, songs, the
   red road.
Not aware of óur rising, on a deeper level.
The love-spring of our hearts into the endless.
These vibrations, I recognize them as ours, more mature maybe.
A baptism this Sunday–two grandchildren pronouncing you and
   I, all of us together.

REFLEXIONES EN TU PRESENCIA

Una mujer vietnamita me atiende los dedos de los pies, mientras
me siento en el sillón de masaje de un Spa en Texas.
Al cambiar el color del esmalte de uñas de naranja a rosa
llamativo: entro en primavera.
Ella me entrega un menú: extras para la pedicura, ¿cera para los
pies?
Se lo merece... Asiento de mala gana.
Sorpresivamente, Toby está a mi lado "Cuida esos dedos de los
pies, esos pequeños".
Una energía de acuerdo gozoso rodea su inesperada presencia.
Se ha estado acercando a mí más a menudo,
como en este viaje con su nieto Reece de Bozeman a Texas.
La música country de Reece llena el auto con las canciones y la
energía de Toby.
Conciencia de nuestro creciente Amor celestial de hace más de
40 años;
Una efusión de presencia sólo para recibir. ¡Tú me amas más!

Dos nietos de Texas eligen bautizarse el domingo.
Independientemente se les ocurre esto. Sumérgenos—a Los Hayes
reunidos en celebración. Escribo un poema, preparo una tarjeta.
Otra vez el Corazón, ese Corazón consagrado
lleva mi vida de un futuro al siguiente.
Hoy, esta presencia suya me mira fijamente a la cara.
A lo largo de mi vida en soledad, los recibo, en libros, canciones,
el camino rojo.
Sin ser conscientes de nuestro ascenso, a un nivel más profundo.
El amor que brota de nuestros corazones hacia el infinito.
Estas vibraciones, las reconozco como nuestras, más maduras tal
vez.
Un bautismo este domingo: dos nietos pronunciandote a ti y a
mí, a todos nosotros juntos.

I remember that day months before our parting.

Standing before me you asked: Do you realize you are the only one I have?

After a silence, my mind's words unspoken: Darling I have so much more to give!

Your words pronounce my importance for you–the coming of your passing?

And agáin, I remember that day shortly before our parting:

You stand before me and ask: Do you realize you are the only one I have?

After a silence, my mind's words unspoken: Darling, I have so much more to give!

Did we hug, did we look each other in the eye?

Unmet childhood wounding prevented me from grasping your contemplation.

Our difference in age did not render clarity, still I can't phantom that pronouncing of your love, ringing 40 years after.

On the trip I tell Reece your birth name Claude Van,

"Toby," a nickname—when as a kid coming home from play

named after the yard help: Your face is as black as Toby's.

Sharing stories with Reece, I remember that at twelve I declared to my dad:

If I cannot become a nun–then I will marry a black man... my Toby!

Insights come full circle in my seventies: The vivid happy dream you had

shortly before dying, you saw me walking on water.

Recuerdo ese día meses antes de nuestra separación.

De pie frente a mí, preguntaste: ¿Te das cuenta de que eres lo
    único que tengo?

Después de un silencio, las palabras de mi mente sin ser dichas:
    ¡Cariño, tengo mucho más para dar!

Tus palabras expresan mi importancia para ti, ¿tal vez la llegada
    de tu fallecimiento?

Y nuevamente recuerdo aquel día poco antes de nuestra
    separación:

Te paras frente a mí y preguntas: ¿Te das cuenta de que eres lo
    único que tengo?

Después de un silencio, las palabras de mi mente no fueron
    dichas: ¡Cariño, tengo

mucho más para dar!

¿Nos abrazamos, nos miramos a los ojos?

Las heridas de la infancia no cubiertas me impidieron captar tu
    contemplación.

Nuestra diferencia de edad no me dio claridad, todavía no puedo
    imaginar.

Ese pronunciamiento de tu amor resuena 40 años después.

En el viaje le cuento a Reece tu nombre de nacimiento, Claude
    Van,

"Toby", era un apodo cuando de niño volvías a casa después de
    jugar

te dieron el nombre del ayudante de jardinería: Tu cara era tan
    negra como la de Toby.

Compartiendo historias con Reece, recuerdo que a los doce años
    le declaré a mi papá:

Si no puedo ser monja, entonces me casaré con un hombre
    negro... ¡mi Toby!

Las ideas cierran el círculo cuando tengo setenta años: el vívido
    y feliz sueño que tuviste

poco antes de morir, me viste caminando sobre el agua.

I have lived in the illusion of choosing my new life alone,
steeped in a longing to give—to give more. I can't remember that
    I do.
Maybe the cumulation of our separated love—in motion
will come clear, shedding the illusion that rules.

When covid hit and I was so alone, afraid, uncertain in this
    world.
You appeared on the couch concerned, unattached, fully present.
At your sight, my soul pours out—pours out, pours out.
Both of us enveloped yet separate somehow—a temporary
    plane?
I'm not alone—my faith deepens. I can do this.
My heart beats faster after this yesterday of several years.
I do have more to give, and hope for a bit more time to
bring a fuller heart to a spaciousness ever unfolding.
Trusting, without a doubt: I meet you in the present moment.

He vivido en la ilusión de elegir solo mi nueva vida,
impregnada de un anhelo de dar, de dar más. No puedo recordar
que sí lo hago.
Tal vez la acumulación de nuestro amor separado—en
movimiento
Se hará clara desbaratando la ilusión de separación que impera.

Cuando llegó el covid y estaba tan sola, con miedo e
incertidumbre en este mundo.
Apareciste en el sofá preocupado, desapegado, plenamente
presente.
A tu vista, mi alma se derrama, se derrama, se derrama.
Ambos estamos envueltos pero separados de alguna manera: ¿un
plano temporal?
No estoy solo: mi fe se profundiza. Puedo hacer esto.
Mi corazón late más rápido después de este ayer de varios años.
Tengo más para dar y espero tener un poco más de tiempo para
traer un corazón más lleno a una amplitud cada vez más amplia.
Confiando—sin dudas: te encuentro en el momento presente.

DILEMMA

Should I study, be curious and clever or
be playful and creative?
Singing, painting, writing, engaging with people,
flying like a Monarch butterfly?

I like to be smart.
Yet I rather use my enthusiasm to
paint steady mountains, write poetry,
infused with joy and wisdom.

DILEMA

¿Debo estudiar, ser curiosa o inteligente o
ser juguetona y creativa?
Cantando, pintando, escribiendo,
   relacionarme con la gente.
¿Volando como una mariposa monarca?

Me gusta ser inteligente.
Sin embargo, prefiero usar mi entusiasmo para
pintar montañas estables, escribir poesía,
infundido de alegría y sabiduría desde el corazón.

❦

BLANCA THE PSYCHIATRIST (*Dream 2020*)

She recognizes his depression.
A deep longing to heal
his psyche, his ancestry.

She bows. A sacred gesture,
honoring his brokenness and gift to the world.
You need a rest; she whispers in his ear.

His job is important to him.
Should he answer her bow, her whisper,
stop this psychological digging, be joyful?

Steady in her presence of love and joy,
she leaves him with this awareness
and exits through a backdoor onto the plaza.

Youngsters play, form a circle—
she leads and joins with drum and dance,
expanding their energy of joy and swirls.

Free for the taking.

BLANCA, LA PSIQUIATRA *(Sueño 2020)*

Ella reconoce la depresión de él.
Nace un profundo anhelo de sanar
su psique, su ascendencia.

Ella hace una reverencia. Un gesto sagrado,
honrando el quebrantamiento de él y su regalo al mundo.
Necesitas un descanso; Ella le susurra al oído.

Su trabajo es importante para él.
¿Si él respondiera a su reverencia, a su susurro?
¿Detener esta indagación psicológica y ser alegre?

Firme en su presencia de amor y alegría,
ella lo deja con esta conciencia
y sale por una puerta trasera a la plaza.

Los jóvenes juegan, forman un círculo-
ella dirige y se une con tambores y danzas,
expandiendo su energía de alegría y remolinos.

Gratis para quien lo desee.

EARTHING

A place on this earth is calling you,
where you connect and come to rest,
not only your heart—your entire being will also
end torment into belonging, contentment.

There is a place.
Dart the distance between you two,
don't let romanticizing trick you,
trust your inner hollering.

There is a place.
Doubtful at first, not to be wooled over,
look around for stop signs,
a welcome by a hawk, an eagle.

There is a place.
Uprootedness clowned you long enough,
even a road runner comes to rest,
gravity is not random, if you stand alone.

There is a place.
With creatures, organisms far and wide.
ready to gear up, take residence,
to be seen, known, belong with you.

A place on this earth is calling you.
Moon, morning star, birds tapping on your window,
patiently doling-out their presence. Hitch a glimpse,
hit it off, feast its splendor and wisdom.

EN CONTACTO CON LA TIERRA

Un lugar en esta tierra te está llamando,
donde te conectas y llegas a descansar,
no sólo tu corazón—todo tu ser también
terminar el tormento en pertenencia, satisfacción.

Hay un lugar.
Traza la distancia entre ustedes dos,
no dejes que el romanticismo te engañe,
confía en tus gritos internos.

Hay un lugar.
Al principio dudoso, no hay que dejarse engañar,
mira a tu alrededor en busca de señales, alto,
una bienvenida por parte de un halcón, un águila.

Hay un lugar.
El desarraigo te hizo el payaso durante bastante tiempo,
incluso un correcaminos llega a descansar,
la gravedad no es aleatoria, si permances solo.

Hay un lugar.
Con criaturas, organismos de todas partes.
listos para prepararse, tomar residencia,
ser visto, conocido, pertenece a ti.

Un lugar en esta tierra te está llamando.
Luna, estrella de la mañana, pájaros golpeando tu ventana,
repartiendo pacientemente su presencia. Échales una mirada,
conéctate con ello, disfruta de su esplendor y sabiduría.

MANY LIFETIMES

Centuries of surprises hide in my genes,
crisscrossed by a German mother, Dutch father.
I ponder the trauma side of my ancestors.
Then-last night I woke myself up and found:
My happy essence.

Opa, my grandfather, sailed from Amsterdam to Aceh, Sumatra,
his spirit mixed with Dutch colonial genes,
for spices and occupation of Indonesia.
His youngest engaged Rosita from that land.
My parents lean toward Indonesian friends.

I too fell into people from Indonesia.
Enny, from Java, became my foster mom,
nurtured my emotions for fifty years.
I never knew my grandfather, not much was spoken:
His genetic material lingers, they propel Asia.

I crave the Indonesian food, the spices, their *badjaks*,
the absence of loudness in movement and speech,
locals dressed in batik—tropical rain and Krakatau spewing.
Our family in a jeep sits in the jungles listening at night.
We fall into innocence yet awake to the unexpected.

Engagement with Victor, born in Sumatra a botch,
marrying Toby, calls to the jungles in Kalimantan.
Karma is bad here: "Opa what happened there in Aceh?
The Asian River flows-until meeting a still point,
"Join me aunt Enny, let's return to Indonesia.

MUCHAS VIDAS

Siglos de sorpresas se esconden en mis genes.
atravesados por una madre alemana y un padre holandés.
Reflexiono sobre el lado traumático de mis antepasados.
Luego, anoche me desperté y encontré:
esencia feliz.

Opa, mi abuelo, zarpó de Amsterdam a Aceh, Sumatra,
su espíritu mezcla de genes coloniales holandeses,
con las especias y la ocupación de esta Indonesia.
Su hijo menor se compromete con Rosita, de esa tierra.
Mis padres se inclinan ante los amigos indonesios.

Yo también me encontré con gente de Indonesia.
Enny, de Java, se convirtió en mi madre adoptiva,
nutrió mis emociones durante cincuenta años.
Nunca conocí a mi abuelo, no se hablaba mucho de él:
Sus materiales genéticos perduran y llevan consigo Asia.

Evoco la comida indonesia, las especias, sus *badjaks*,
la ausencia de volumen en el movimiento y el habla,
lugareños vestidos con batik: lluvia tropical y fumarolas del
    Krakatau.
Nuestra familia en un jeep se sienta en la jungla, escuchando y
    de noche.
Caemos en la inocencia pero estamos despiertos ante lo inesperado.

Mi compromiso con Víctor, nacido en Sumatra un fracaso,
Casarme con Toby, un llamado a las selvas de Kalimantan.
El karma aquí es malo: "Opa, ¿qué pasó allí en Aceh?
El río de Asia fluye hasta encontrar un punto tranquilo,
"Únete a mí tía Enny, volvamos a Indonesia."

Enny could not return, her feelings surface,
those of her dad in Java, a concentration camp.
We spoke of Thailand or maybe Vietnam.
Empty after her passing, closer to my whole self,
I harness my grandfather's bold spirit, travel to Vietnam.

An old monk–in the lotus position
holds up a rock in my dream–"you need this for the journey."
Trips to the Trúc Lâm Tây Thiên temple,
where the master proclaims, "I have known you for many lives."

My years I count in dog years now,
presence on this earth is slipping,
life's river roars with insights,
Oneness and Interdependence.

Nature mirrors, this earth is buzzing.
Like a fledgling's first flight–
I take part in this jubilant unfolding.
Whimsical I throw my marbles–
a childlike love for life.

Enny no pudo regresar, sus sentimientos afloran,
los de su padre en Java, un campo de concentración.
Hablamos de Tailandia o quizás de Vietnam.
Vacía después de su muerte, más cerca de todo mi ser,
Me cuelgo del espíritu audaz de mi abuelo y viajo a Vietnam.

Un viejo monje—en posición de loto
sostiene una piedra en mi sueño: "necesitas esto para el viaje".
Excursiones al templo Trúc Lâm Tây Thiên,
donde el maestro proclama "Te conozco desde hace muchas vidas".

Mis años los cuento en años de perro ahora,
la presencia en esta tierra se escapa entre los dedos.
El río de la vida ruge con revelaciones.
Unidad e interdependencia.

La naturaleza se refleja, esta tierra está zumbando.
como el primer vuelo de un novato.
Participó en este jubiloso desdoblamiento.
Juguetona, aviento mis canicas,
un amor por la vida como niña.

México

THE FOREBODING *(Dream 2023)*

You appear in my garage uninvited, standing in place.
Struck by fear I manage to shut the door,
your entry to the back of my house.
I escape through the front door into the night,
finding empty streets void of neighbors,
my vocal cords are paralyzed. I try to scream for help,
a lethal feeling spirals down my feet anchored on the earth,
is this a warning of what is to come?

My intuition tells me you are good,
you look kind and handsome with that beard.
Am I about to shed the skin of constriction,
expand into higher energies?
Why did you enter my garage–through the backdoor?
Do I fear the embrace of love and freedom that much?
My own unfolding meeting the energy of all that's alive?

⌒

You exalt safety while we swim in the Sea of Cortez,
sea lions and diving birds catch their fish deep down.
Layers of volcanic ash sandwiched in rocks form the shore,
present from 40 million years ago. I am part of this.
Magnificent frigate bird's nest their pirate bodies
on hills between a Cardon cactus forest.

Your heart reflects in your eyes, voice, and manners,
and rekindle an infectious longing of bursting aliveness.
Your foreboding presence terrified me
when I saw a glimpse of you in my garage,
are you that part of me with senses yet to discover?

EL PRESENTIMIENTO *(Sueño 2023)*

Apareces en mi cochera sin ser invitado, parado en el lugar.
Golpeada por el miedo logró cerrar la puerta,
tu entrada a la parte trasera de mi casa.
Me escapo por la puerta principal hacia la noche,
encuentro calles vacías y sin vecinos.
Mis cuerdas vocales están paralizadas. Intento gritar pidiendo
    ayuda,
un sentimiento letal me recorre en espiral hacia abajo, mis pies
    anclados en la tierra,
¿Es esto una advertencia de lo que está por venir?

Mi intuición me dice que eres bueno,
te ves amable y guapo con esa barba.
¿Estoy a punto de deshacerme de la piel constrictora?
¿Expandirme a energías superiores?
¿Por qué entraste a mi garaje por la puerta trasera?
¿Temo tanto el abrazo del amor y la libertad?
¿Mi propio desarrollo encontrándose con la energía de todo lo vivo?

Exaltas seguridad mientras nadamos en el Mar de Cortés,

los leones marinos y las aves buceadoras capturan sus peces en
    las profundidades,
capas de ceniza volcánica entre las rocas forman la costa,
presente desde hace 40 millones de años. Soy parte de este
magnífico nido de aves fragatas sus cuerpos de pirata
sobre las colinas entre un bosque de cactus Cardón.

Tu corazón se refleja en tus ojos, voz y modales,
y reavivan un contagioso anhelo de vitalidad explosiva.
Tu presencia premonitoria me aterrorizó

In La Paz walking between snakes, turtles, birds and iguanas
ready to be freed into the wild, I too get my wings unstuck.
You brand me with your passion for áll that lives and
ignite in me new freedom. New grace pours into me
from relationship, no—a gentle playing with nature's offering.

A cactus unfolds like an accordion when receiving rain
you explain, in drought it constricts.
I reflect on the Cardon, hundreds of years standing–
its needles are defensive yet, also a tool to pick up rain.
Collaborative, the Cardon engages,
drinks a drop hanging at the end of a needle!

cuando te vi en mi cochera,
¿Eres esa parte de mí con sentidos aún por descubrir?

En La Paz caminando entre serpientes, tortugas, aves e iguanas
lista para ser liberada en la naturaleza, a mí también me
    despegan las alas.
Me marcas con tu pasión por todo lo que vive y
enciendes en mí una nueva libertad. Gracia nueva se derrama en
    mi,
un juego más profundo con la oferta de la naturaleza.

Un cactus se despliega como un acordeón al recibir lluvia
él explica, en la sequía se contrae.
Reflexiono sobre el Cardón, cientos de años en pie.
Sus agujas son protectoras pero también una herramienta para
    recoger la lluvia.
Colaborativo, el Cardón se compromete,
bebe una gota que cuelga al final de una aguja!

SCENT OF A MEMORY

Blondie arrives in Mexico singing,
Not to be silenced.
Zesty in years,
she anticipates.

The sea lions growling in
buffed bodies on rocks.
Equilibrium of beasts, our playful swimming.
Innocence.

'Till big daddy throws a killing eye.
Leave my offspring alone!
Taunted we snorkel to our boat,
let down by his boundary.

More caveat looms nearby.
Frigates, hefty birds,–lunge deep for fish
at the spot where we paddle in place.
Their space.

My brain wants to retain this immersion.
Of touching my grandson wedged between sea lions-
looking into bulging eyes;
startled.

My family falls out the boat backward,
flippers disappearing into the hidden.
I scan the horizon for sharks,
spot bopping heads of sea turtles.

Determined to keep the Sea of Cortez
in my brain cells,

AROMA DE UN RECUERDO

Blondie llega a México cantando,
para no ser silenciado.
Allegre en años,
ella anticipa.

Los leones marinos gruñen
cuerpos pulidos sobre rocas.
Equilibrio de las bestias, nuestro nado juguetón;
inocencia.

'Hasta que papá grande lanza una mirada asesina.
¡Deja en paz a mi descendencia!
Burlados, buceamos hasta nuestro bote,
decepcionado por su límite.

Más advertencias acechan cerca.
Fragatas, pájaros corpulentos, se abalanzan profundamente en
    busca de peces.
en el lugar donde remamos en el lugar-
su espacio.

Mi cerebro quiere retener esta inmersión.
De tocar a mi nieto atrapado entre lobos marinos-
mirar a los ojos saltones;
sorprendido.

Mi familia se cae del barco hacia atrás,
aletas desapareciendo en lo oculto.
Exploró el horizonte en busca de tiburones,
observa las cabezas de las tortugas marinas.

Decididos a conservar el Mar de Cortés
en mis células cerebrales,

I shop duty free at the airport.
for a scent, to not forget.

Blondie and a Lion on a red tin,
I spray some on each day.
Give myself a Mexican
transfusion.

Hago compras libres de impuestos en
    el aeropuerto.
por un aroma, para no olvidar,

Blondie y un león en una lata roja,
Rocío un poco cada día.
Darme un transfusion
Mexicano

⟫⟫⟫⟫⟩

WHALE SHARKS

Your pods intimidate:
massive, speckled in form, purposed calm,
alert to disappear in the abyss should my longing to connect,
disturb your swimming, birthing babies in the Sea of Cortez.
I choose to think of you as whale; You are a shark,
gulping waters' content, wide open mouth, massive head.
Aligned in direction, frightened, I snorkel, slow experiencing
    your path.

Risk taking and vulnerability push my life forward,
cliches, like "curiosity kills the cat," do not halt
the drive to discover the positive, the captivating.
Receiving life's offering has no worth without standing still.
Excitement has its own accord of tranquility, the serene.
What's that place, and space you are calling me to?
That depth of solitude, where innocence rests?

Seclusion with its promise, pushes to the present.
My body absorbs life's generosity, yet when disturbed,
falls into illusionary shadows of anxiety.
Psyche wildly fights this non-existing hook.
Exhausted, letting go of the phantom, I take a deep breath.
A whale shark points to the safety of the abyss.
I recall our togetherness, swim alongside you, less afraid.

TIBURONES BALLENA

Tus manada de ballenas intimidan:
masivas, moteadas, calmadas y decididas,
alertas para desaparecer en el abismo.
Debería mi anhelo de conectar,
molestar tu nado, pariendo a tus bebés en el Mar de Cortés.
Elijo pensar en ti como una ballena; Eres un tiburón,
tragando el contenido del agua, boca bien abierta, cabeza
     enorme.
Alineada en tu dirección, asustada, hago snorkel, lentamente
     experimento tu ruta.

Tomar riesgos y la vulnerabilidad hacen avanzar mi vida,
Los clichés como "la curiosidad mata al gato" no detienen
el impulso de descubrir lo positivo, lo cautivador.
Recibir la ofrenda de la vida no tiene valor sin quedarse quieto.
La excitación tiene su propio acuerdo con la tranquilidad, la
     serenidad.
¿Cuál es ese lugar y espacio al que me estás llamando?
¿Esa profundidad de soledad, donde descansa la inocencia?

El aislamiento, con su promesa, empuja al presente.
Mi cuerpo absorbe la generosidad de la vida, pero cuando se le
     perturba, cae en sombras ilusorias de ansiedad.
La psique lucha ferozmente contra este anzuelo inexistente.
Agotada, soltando el fantasma, respiro profundamente.
Un tiburón ballena señala la seguridad del abismo.
Recuerdo nuestra unión, nado junto a ti, con menos miedo.

DRIVEN

Baja Mexico appears, the Sea of Cortez,
angel fish, turtles, coral, spiny creatures.
Open I float, wide eyes, wide arms, legs wide.

The snorkel singles out the only noise,
rhythmic breathing in and out—in and out,
miraculous—this water—Freedom.

Space and calm unlock all that is,
and is not yet—
music, tea, love, siesta—the earth, the sky.

Unexpectedly the straight and narrow strikes,
constricted chest, figuring things out.
Do this, do that, you ain't good enough!

Triggered through relationships.
In a world on edge—not trusted.
Wound to wound, ash to ash.

An icebreaker hacks away—creates a path,
lacerates the controlling ice of the mind.
Exposes water underneath, finds a path.

The manic eye of the needle controls freedom.
Its judgement, beliefs, and got to, got to,
traps of a world without wonder.

Technology adds another Babylon,
mad rivers, drying land, people fleeing.
Remember the womb, its nourishing water!

IMPULSADA

Aparece Baja México, el Mar de Cortés,
peces ángel, tortugas, corales, criaturas espinosas.
Abierta floto, ojos muy abiertos, brazos muy abiertos, piernas
    muy abiertas.

El snorkel detecta el único ruido,
Respiración rítmica, inhalación y exhalación, adentro y afuera
milagrosa—esta agua—Libertad.

El espacio y la calma desbloquean todo lo que es,
y aún no es—
música, té, café, amor, siesta: la tierra, el cielo.

Inesperadamente, la estrechez y linealidad me golpea
pecho constreñido, averiguando cosas.
Haz esto, haz aquello, ¡no eres lo suficientemente bueno!

Provocada por relaciones.
En un mundo al límite, en el que no se puede confiar.
Herida a herida, ceniza a ceniza.

Un rompehielos corta, crea un camino,
Lacera el hielo controlador de la mente.
Expone agua debajo, encuentra un camino.

El ojo maníaco de la aguja controla la libertad.
Su juicio, creencias y tengo que, tengo que,
trampas de un mundo sin asombro.

La tecnología añade otra Babilonia.
"Ríos locos, tierra seca, gente huyendo.
¡Recordad el útero, su agua nutritiva!

The mind doesn't need to enter this swirl.
The humorous can replace the chemical
of neurons' thinking pathways.

Wide eyed, wide arms, wide legs—open waters,
each moment a spacious floating,
miraculous—this water—Freedom.

La mente no necesita entrar en este remolino.
Lo cómico puede sustituir a lo químico
de las vías de pensamiento de las neuronas.

Ojos muy abiertos, brazos amplios, piernas anchas—aguas
    abiertas,
cada momento una espaciosa flotante,
milagrosa—esta agua—Libertad.

SURGE

This morning, I received energy.
I can only guess from whom.
Like a bird landing on a tree branch
the current finds the sole of my feet,
streams into my body like a river.

This morning, I received energy.
Someone loves and cares for me,
helps me to rise.
Love's vigor tunes my being,
adding movement.

This morning, I received energy.
A person prays for me and I,
I recognize Love and Oneness
just for me—for all,
to rise in reciprocity.

SURGIR

Esta mañana recibí energía.
Sólo puedo adivinar de quién.
Como un pájaro posándose en la rama de un árbol
la corriente encuentra la planta de mis pies,
fluye hacia mi cuerpo como un río.

Esta mañana recibí energía.
Alguien me ama y me cuida,
me ayuda a despegar.
El vigor del amor afina mi ser,
añadiendo movimiento.

Esta mañana recibí energía.
Una persona ora por mí y yo,
reconozco el Amor y la Unidad
solo para mi—para todos,
aumentar la reciprocidad.

War

⌒

Guerra

WAR ENERGIES

Last night, following nature's Law of Oneness,
while humanity and our earth tremble
my ancestral energies stored in my body awoke and aligned
with Ukrainian families escaping domination and greed—
Russian boys fleeing to Finland to escape enlistment
in a war by a leader imprisoned by the human ghost of
possession, conquest ... disassociated from relationship.

Old memories awaken from my ancestors' cells stored in my
    body,
triggering century-old feelings. Waves of terror and urgency
from my parent's panic as they ran to escape
the British bombing in the Northwest of Germany's World
    War II –
trauma inherited; trauma reinforced when I was small.

My cells hold the suffering of earlier generations—
my grandfather's—a soldier in Atjéh, Sumatra, was part of the
    Dutch colonization,
the aggressor, or my Prussian family
forced from their acreage and possessions,
changing their names from the Polish Studolny to Stollman
to be accepted into the *Deutsche Reich*,
a *Kampf* of race idealization through genocide.

Last night, energy streamed from the soles of my feet
to the Ukrainian people courageously
standing up for theirs—and our—freedom,
saved only by their strength, by the grace
of other's sanity and goodness.

ENERGIÁS DE GUERA

Anoche, siguiendo la Ley de Unidad de la naturaleza,
mientras la humanidad y nuestra tierra tiemblan
Las energías ancestrales almacenadas en mi cuerpo despertaron
    y se alinearon.
con familias ucranianas escapando de la dominación y la codicia—
Niños rusos huyen a Finlandia para escapar del alistamiento
en una guerra por un líder encarcelado por el fantasma humano de
posesión, conquista... disociado de entrar en relación.

Viejos recuerdos despiertan de las células de mis ancestros
    almacenadas en mi cuerpo,
desencadenando sentimientos centenarios. Olas de terror y
    urgencia
del pánico de mis padres mientras corrían para escapar
los bombardeos británicos en el noroeste de Alemania durante la
    Segunda Guerra Mundial.
Trauma heredado, trauma reforzado cuando era pequeña.

Mis células contienen el sufrimiento de generaciones anteriores.
el de mi abuelo, un soldado en Atjéh, Sumatra, fue parte de la
    colonización holandesa,
el agresor, o mi familia prusiana
obligados a abandonar sus tierras y posesiones,
cambiando sus nombres del polaco Studolny a Stollman
ser aceptado en el *Reich Alemán*,
una Kampf de idealización racial a través del genocidio.

Anoche, la energía fluyó desde las plantas de mis pies.
al pueblo ucraniano con valentía
defender su—y la nuestra—libertad,
salvados sólo por su fuerza y por la gracia
de la cordura y la bondad de los demás.

At the outbreak of this war, I dreamed
we gathered as a family in front of a building in rubble,
we don't know where we are going...
but we are.

Together, we must follow our feet into the unknown...

Al estallar esta guerra, soñé
que nos reunimos en familia frente
      a un edificio en ruinas,
no sabemos a dónde vamos...
pero somos.

Juntos, debemos seguir nuestros
      pasos hacia lo desconocido...

THE OWL IN THE FOREST *(Dream 2022)*

I am afraid, the mother of the child whispers,
that my tiny baby might be caught by an owl,
that he becomes its prey.
Protect your baby! That sure is possible!

In town, young women entertain a man,
a wounded one—a king perhaps.
Bored by his women they absolute.
"Casts them away—Haul them off into hiding."

Women stroll through the dense forest,
a sandy and barren path shows a way out,
on the left a cleared area, tucked in a corner,
a father, mother and three-month-old have a picnic.

The mother whispers I'm afraid the little one
could become the prey of an owl.
Protect him! That certainly is possible.

Tall trees stand close together—a vast,
quiet forest, deep green—its leaves move,
a sudden wind, announce a man in a jeep waiting,
"Haul them off to a proper hiding place."

Dark forces—soldiers' final resort—the shady woods,
lost from their true nature–pushed into their own abyss,
plunged into darkness by a king or another wounded one,
they execute their atrocities as in Buchenwald.

The mother whispers I'm afraid the little ones
could become the prey of an owl.

EL BÚHO EN EL BOSQUE *(Sueño 2022)*

Tengo miedo, susurra la madre del niño,
que mi pequeño bebé podría ser atrapado por un búho,
que se convierta en su oración.
¡Protege a tu bebé! ¡Eso seguro es posible!

En la ciudad, unas jóvenes entretienen a un hombre,
un herido, tal vez un rey.
Aburridos de sus mujeres, son absolutos.
"Los desechos; llévalos a un lugar Escondido."

Las mujeres pasean por el denso bosque,
un camino arenoso y árido muestra una salida,
a la izquierda un área despejada, escondida en un rincón,
un padre, una madre y un niño de tres meses van de picnic.

La madre susurra tengo miedo que el pequeño
podría convertirse en el rezo de un búho.
¡Protegerlo! Eso ciertamente es posible.

Los árboles altos están muy juntos: un vasto y
bosque tranquilo, verde intenso—sus hojas se mueven,
un viento repentino, anuncia un hombre en un jeep esperando,
"Llévalos a un escondite adecuado".

Fuerzas oscuras—el último recurso de los soldados—los bosques
    sombreados,
perdidos de su verdadera naturaleza—empujados a su propio abismo,
sumergido en la oscuridad por un rey u otro herido,
ejecutan sus atrocidades como en Buchenwald.

La madre susurra miedo a los pequeños.
Podría convertirse en el rezo de un búho.

Protect your baby! That certainly is possible.

We inhale the smell of the forest, the sound of its leaves,
a path shows a clear way out.
We look at the man behind the steering wheel,
his head changes into an owl-owl breed owls.

The mother and father whisper I'm afraid we little ones
could become the prey of owls.
Protect! It's possible-owls breed owls.

We stroll in the forest, breath oxygen,
our feet walk the cushioned moss.
A wave grabs the dark images-pushes them down
into the earthmother of our ancestors.
We see a nest, leaves dance, a fawn jumps with its mom.

Protect the present! It's Possible.

¡Protege a tu bebé! Eso ciertamente es posible.

Inhalamos el olor del bosque, el sonido de sus hojas,
un camino muestra una salida clara.
Miramos al hombre detrás del volante,
su cabeza se transforma en la de un búho, una raza de búhos.

La madre y el padre susurran tengo miedo de que los pequeños
podría convertirse en el rezo de los búhos.
¡La protección! Es posible: búhos de raza búho.

Paseamos por el bosque, respiramos oxígeno,
Nuestros pies caminan sobre el musgo acolchado.
Una ola atrapa las imágenes oscuras y las empuja hacia abajo.
en la madre tierra de nuestros antepasados.
Vemos un nido, las hojas bailan, un cervatillo salta con su mamá.

¡Protege el presente! Es Posible.

FOREVER

Ten hours on a plane
thinking of you
I pull my luggage at Schiphol.
Gone are the illusions
of you here. Of us.
Lost, I walk in circles.
A bench catches me and my feelings.
I sit there holding my head.
My body still in a hurry to catch the train, to make it.
Your love reached me.
You had to pass without me.
Leaving us forever.

PARA SIEMPRE

Diez horas en un avión
pensando en ti
saco mi equipaje en Amsterdam.
Atrás quedaron las ilusiones.
de ti aquí. De nosotros.
Pérdida, caminó en círculos,
Un banco me atrapa a mi y a mis sentimientos.
Me siento allí sosteniéndome la cabeza.
Mi cuerpo todavía tiene prisa para tomar el tren, por lograrlo.
Tu amor me alcanzó.
Tenías que pasar sin mí.
Dejándonos para siempre.

TENACITY OF A BADGER

It is national shortbread day tomorrow on the news... Our world is in chaos and war. So, I am too! Besides, I could care less about shortbread day. To me it seems that for centuries war and power are all that leaders around the globe have focused on. Is that where the heart of humanity has come to in the West, the East, the North, the South and in the MIDDLE–and oh, forests are burning up before us in Australia, Brazil, the U.S. including Hawaii. Soldiers, men, and women on either side are sacrificed away from their family in harm's way. Is it our human self-importance and inner fire wrongly purposed?

I do not know what to do or think–what side? No, NO SIDES, everyone is losing, people, the earth, the animals, our hearts, our health, our children, our BEING. I cannot control those in leadership here, there, and everywhere, and do not wish to favor any of them with my fear, anger, pride, arrogance etc.

I need to transform my BEING in this world. You are IT— Ingeborg!

I need tenacity to think in terms of Oneness, not us, not them. Not Iran, Iraq, U.S., Russia, Israel, Gaza, Syria, China, N. Korea, Germany, France, England... It has not been working for eons now. Keep on thinking ONE, Ingeborg, hold on to that TENACITY, ONE human race, ONE Earth. Imagine a healthy earth, universe, and celebrate every inch of nature recaptured in true wildness. Find your tribe to strengthen that TENACITY and transform who you are—today. I need the energy to keep

TENACIDAD DE TEJÓN

Mañana en las noticias es el día nacional de las galletas de mantequilla... Nuestro mundo está sumido en el caos y la guerra. ¡Yo también lo estoy! Además, no podría importarme menos el día de las galletas de mantequilla. A mí me parece que durante siglos la guerra y el poder son lo único en lo que se han centrado los líderes de todo el mundo. Es ahí donde ha llegado el corazón de la raza humana en el Oeste, el Este, el Norte, el Sur y el MEDIO—y, oh, los bosques se están quemando ante nosotros en Australia, Brasil, Estados Unidos, incluido Hawaii. Los soldados, hombres y mujeres de ambos bandos son separados de sus familias en peligro. ¿Estan nuestra autoimportancia humana y nuestro fuego interior mal destinados?

No sé qué hacer o pensar—¿de qué lado? No, SIN LADOS, todos estamos perdiendo, las personas, la tierra los animales nuestros corazones nuestra salud nuestros hijos nuestro SER. No puedo controlar a quienes tienen liderazgo aquí, allá y en todas partes, y no deseo favorecer a ninguno de ellos con mi miedo, ira, orgullo, arrogancia, etc.

Necesito transformar mi SER en este mundo. ¡Tú eres ESO— Ingeborg!

Necesito tenacidad para pensar en términos de Unidad, no de nosotros ni de ellos. Irán, Irak, Estados Unidos, Rusia, Israel, Gaza, Siria, China, Corea del Norte, Alemania, Francia, Inglaterra... No ha estado funcionando durante eones. Sigue pensando UNO, Ingeborg, aférrate a esa TENACIDAD, UNA raza humana, UNA Tierra. Imagine una Tierra y un universo sanos y celebre cada centímetro de naturaleza recuperado en su verdadero estado salvaje. Encuentra tu tribu para fortalecer esa TENACIDAD y transformar quién eres hoy. Necesito energía

on, keep on being focused on what is needed, Compassion, Community, *La Unidad*, the Oneness.

TENACITY. Nothing but forward, answering the call, inch by inch with patience, self-forgiveness and celebration... Have some good food Ingeborg, Middle Eastern, Chinese, Korean, Dutch, Mexican whatever... and REST a bit.

Pauze, BE and see it happen.

We are leaving the dark cloud of warmongering fighting leadership individuals behind, far behind. We, each one of us will ask for help with transforming our focus and leading with compassion, nurturing first ourselves then our children and together with our brothers and sisters commit to bringing back RELATIONSHIP with the earth and each other inch by inch.

para seguir adelante, seguir enfocado en lo que se necesita: Compasión, Comunidad, La Unidad, *The Oneness*.

TENACIDAD. Nada más que adelante, respondiendo al llamado, palmo a palmo con paciencia, perdón a uno mismo y celebración... Tomar buena comida Ingeborg, de Medio Oriente, China, Coreana, Holandesa, Mexicana lo que sea... y DESCANSAR un poquito.

Pausa SÉ y ve lo que sucede.

Estamos dejando atrás, muy atrás, la nube oscura de líderes combatientes y belicistas. Nosotros, cada uno de nosotros, pediremos ayuda para transformar nuestro enfoque y liderar con compasión, nutrirnos primero a nosotros mismos, luego a nuestros hijos y, junto con nuestros hermanos y hermanas, comprometernos a recuperar la RELACIÓN con la tierra y con los demás, centímetro a centímetro.

The Body

~

El Cuerpo

LEARNING BODY LANGUAGE FROM THE NECK DOWN

Through "interplay" I'm dancing and deepening a 'listening" to my curved presence. I have not done this listening from the neck down before. I had an inexplicable connection with my body.

Yes, in my fifties a group of us rented a ballet studio in Houston. Darlene, Annette, and I free-danced, while Mark and his friends accompanied us with their drums—even built an "altar" with objects and flowers to inspire us.

Yesterday was different. I pursued a body connection other than through my head, I danced for balance and comfort pulling myself back to slow turtle moves. These moves formed a calmness, a different frequency. I invoke my feet and toes, my hands, fingers, and elbows. My body said to me "Use your hands, find what comforts you." Observing my feet, an image of when I lived in Indonesia pops up, where dancers accompanied by *Gamelan* music make elegant moves with their feet and hands. Gonna buy a toe ring to honor my feet–get a pedicure with fun colored polish, I decide.

Bessel van der Kolk who wrote *The Body Keeps the Score* did us all a favor with that book. It's not only trauma that our body remembers, but also our comfort, and ability to give us wisdom–a gentle turtle nudge that eases us for what comes next.

⋘⋙

¡APRENDIENDO EL LENGUAJE CORPORAL DESDE EL CUELLO HACIA ABAJO!

A través de la "interacción" estoy bailando, profundizando y "escuchando" de mi curvada presencia. Nunca antes había escuchado esto desde el cuello hacia abajo. Tenía una conexión inexplicable con mi cuerpo.

Sí, cuando tenía cincuenta años, un grupo de nosotros alquilamos un estudio de ballet en Houston. Darlene, Annette y yo bailamos libremente, mientras Mark y sus amigos nos acompañaron con sus tambores; incluso construyeron un "altar" con objetos y flores para inspirarnos.

Ayer fue diferente. Busqué una conexión corporal que no fuera a través de mi cabeza, bailé para mantener el equilibrio y la comodidad, volviendo a realizar movimientos lentos de tortuga. Estos movimientos formaron una calma, una frecuencia diferente. Invoqué mis manos, mis dedos, y mis codos. Mi cuerpo me habló: "Usa tus manos, encuentra lo que te conforta". Al observar mis pies, surge una imagen de cuando vivía en Indonesia, donde bailarines acompañados de música *Gamelan* realizan elegantes movimientos con pies y manos. Voy a comprar un anillo en el dedo del pie para honrar mis pies; decidí hacerme una pedicure con esmalte de divertidos colores.

Bessel van der Kolk, escribió *El Cuerpo Lleva la Cuenta*, nos hizo a todos un favor con ese libro. Nuestro cuerpo no solo recuerda el trauma, sino también nuestro consuelo y nuestra capacidad de darnos sabiduría: un suave empujón de tortuga que nos tranquiliza para lo que viene después.

❧

I'M FREEING MY BODY AT SEVENTY FOUR

This morning, I walked my dog slower than I am used to. My feet and legs try to walk from my hips instead of my knees, them poor old knees carrying more weight than they should! Turtle steps allow me to connect with the earth and sky.

Quetzacoatl, Kukulkan, Feathered Serpent, that mythical combo of bird flying the sky, and snake slithering the earth, invites me to renew a connection in the middle of my heart, where a Monarch butterfly is ready to fly out seeking a new landing. The accumulated music from years of conscious and unconscious living now percolates toward a stillness of exquisite receptivity. Allowing what is—is.

Standing still, feeling stronger, my arms and fingers reach above my head for a connection with a star, my star, the one who wants to transmit a higher frequency to my "maturing" flesh. My feminine is alive and well, wants to be here–seeks to claim and show off sexy. I pay attention to my rootedness. My feminine feels solid.

...And then there is my mouth playing with sounds and shapes of the unsung. I experiment with high and low noises pronouncing my name Ingeborg with that guttural ggg at the end. I recall the toning during drum parties years ago at my house, where thirty of us blended dance and drumbeat, each contributing our unique voice and producing a harmonious melody.

ESTOY LIBERANDO MI CUERPO A LOS 74 AÑOS

Esta mañana saqué a caminar a mi perro más lenta de lo que estoy acostumbrada. Mis pies y piernas tratan de caminar desde mis caderas en lugar de mis rodillas, esas pobres viejas rodillas que llevan más peso del que deberían! Los pasos de tortuga me permiten conectarme con la tierra y el cielo.

Quetzacóatl, Kukulkán, la Serpiente Emplumada, esa combinación mística de pájaro volando por el cielo y serpiente deslizándose por la tierra, me invita a renovar una conexión en medio de mi corazón, donde una mariposa Monarca está lista para volar buscando un nuevo aterrizaje. La música acumulada durante años de vida consciente e inconsciente se filtra ahora hacia una quietud de exquisita receptividad. Permite que lo que es—es.

De pie, sintiéndome más fuerte, mis brazos y dedos se extienden por encima de mi cabeza para una conexión con una estrella, mi estrella, la que quiere transmitir una frecuencia más alta a mi "madura" carne. Mi feminidad está viva y coleando, quiere estar aquí, busca reclamar y lucir sensual. Presto atención a mi arraigo. Mi feminidad se siente sólida.

...Y luego está mi boca jugando con sonidos y formas de lo no cantado. Experimento con ruidos altos y bajos pronunciando mi nombre Ingeborg con ese gutural ggg al final. Recuerdo la entonación durante las fiestas de tambores hace años en mi casa, donde treinta de nosotros mezclamos la danza y el ritmo de los tambores, cada uno aportando nuestra voz única que producía una melodía armoniosa.

Today, exercising my voice, my mouth, and my throat again opens a connection, a link, to an inner spring bubbling up from my body's knowing, crazy it might be, birthing bits of myself while making gibberish, animalistic sounds.

These newfound tunes lure me to places across the Americas, the lands of that Quetzalcoatl, and to joyfully express my feminine, bird and snake.

⤙⤙⤙

Hoy, ejercito mi voz, mi boca y mi garganta de nuevo abre una conexión, un vínculo, a un manantial interior que burbujea desde mi cuerpo sabiendo, por loco que sea, dando a luz partes de mí misma mientras hago sonidos galimatías y animales.

Estas nuevas melodías me atraen a lugares de Américas, a las tierras de ese Quetzalcóatl, y a expresar con alegría mi feminidad, pájaro y serpiente.

<center>~~~~~</center>

RED CHINESE BOX OF GLASS *(Dream)*

I am a woman oppressed by masculine values
by burkas, veils, religion, and performance,
cursed away from my natural flow of passions
locked away in a red glass hexagon, a Chinese box.

I want to feel water wash my hair
yet my brother is sleeping in his bed
of dollars and bitcoins. He controls the creative faucet
locked away in his Chinese box, a hexagon of red glass.

My inter-being blocked through my brother's refusal.
His darkness is mine for the unlocking.
My embrace of you, brother, shifts my focus—
fires my energetic passions, liberates me.

CAJA CHINA ROJA DE VIDRIO *(Sueño)*

Soy una mujer oprimida por valores masculinos.
por burkas, velos, religión y actuación,
Maldecida, alejada de mi flujo natural de pasiones.
Encerrado en un hexágono de cristal rojo, una caja china.

Quiero sentir el agua lavarme el pelo.
Sin embargo, mi hermano está durmiendo en su cama
de dólares y *bitcoins*. Él controla el grifo creativo
encerrado en su caja china, un hexágono de cristal rojo.

Mi inter-Ser está bloqueado por la negación de mi hermano.
Su oscuridad es mía para desbloquearla.
Mi abrazo hacia ti, hermano, cambia mi enfoque,
enciende mis pasiones energéticas, me libera.

BREAKING HANDS

Blue veins rise under the skin of my hands.
Images surface of babies who observe and play,
touch newfound hands and feet in wonder, blow kisses.
My hands moved through years of doing.
Unconscious-doing.

I eat my nails till the edge, suck my thumb till nine.
Pick my cuticles, still today.
German mom, child of the enemy.
Moving away from years in turmoil stops their trembling.
"You need a break," Toby says while loving me across the world.

Old hands of my Oma bewitch me.
I like her, do I like her hands?
Bony, long fingers, blue veins under skin.
Her thumb on my hand buffs lovingly, walking arm in arm.
These hands bring tea, coffee cookies, create presence.

I like a wrapped feeling around my hands, feet too,
like the swaddling one does with babies.
Sitting, I tuck each hand under my thighs.
These hands always want to connect.
Unite with Toby while driving, sitting on the couch, sleeping.

Ramon's hands warm my forehead,
the third eye where once I snapped into
unreality.
His hands squeeze my arms and pull me to being in the
    moment.
Hands short, warm, dark, curving thumbs, point to the creative.

MANOS ROTAS

Venas azules resaltan bajo la piel de mis manos.
Surgen imágenes de bebés que observan y juegan,
tocan con asombro manos y pies recién descubiertos, lanzan besos.
Mis manos se movieron a través de años de hacer.
Hacer inconsciente.

Me como las uñas hasta el borde, me chupo el dedo hasta las
    nueve.
Me arranco las cutículas, todavía hoy.
Mamá alemana, hija del enemigo.
Alejarse de años de confusión detiene su temblor.
"Necesitas un descanso", dice Toby mientras me ama por todo
    el mundo.

Las viejas manos de mi Oma me hechizan.
Me gusta ella, ¿me gustan sus manos?
Dedos largos y huesudos, venas azules debajo de la piel
frota con cariño su pulgar en mi mano, caminando del brazo.
Esas manos traen té, galletas, crean presencia.

Me gusta la sensación de envolver mis manos, los pies también.
Como se envuelve a los bebés.
Sentada, meto cada mano debajo de mis muslos.
Estas manos siempre quieren conectarse.
Unirse a Toby al conducir, sentada en el sofá y al dormir.

Las manos de Ramón calientan mi frente,
El tercer ojo por donde una vez me colé en la irrealidad.
Sus manos aprietan mis brazos y me empujan a estar en el
    momento.
Manos cortas, cálidas, oscuras, pulgares curvados, señalan lo
    creativo.

I study the hands of men.
Toby's hands, kind, dark, straight fingers, squared nails.
"Take care of those hands." He points to mine.
They are important to him, like my toes!
My hands were baffled about that.

My father's aged hands moved through WWII rubble,
long and bony, curly blue veins under his skin,
frightened me.
It takes decades to grasp their creativity, playing the piano.
Fixing appliances, wood carving Holy Mary, Jesus on her arm.

His hands paint two pastels.
Minute details of my skin, eyes, mouth.
What happens to you painting these, I wonder.
Lovingly his hands copy a Matisse of my choosing.
An indirect touch, served through art.

I eat *lontong*, Indonesian sticky rice in the U.S.
Patrick, my son, in the arms of the *babu*
eats rice cupped in his two-year-old hands feasting
in Kalimantan. I now encourage my grandchildren:
"Eat Asian food with your hands."

Christa, my daughter, sews her prom dress.
"Don't touch that while I'm in school,
I don't want the attire thrown together."
She loves detail, beauty, and takes time.
Hands like her daddy-loving, engineering.

Balinese ancient dancing performed for us at Hotel Horizon,
mimics nature's lotus, leaf, water, expressed by hands,

Estudio las manos de los hombres.
Las manos de Toby, dedos amables, oscuros y rectos, uñas cuadradas.
"Cuida esas manos". Él me señala las mías.
¡Son importantes para él, como los dedos de mis pies!
Mis manos estaban perplejas por ello.

Las manos envejecidas de mi padre se mueven entre los
    escombros de la Segunda Guerra Mundial,
largas y huesudas, venas azules rizadas bajo su piel,
me asustaban.
Tomó décadas captar su creatividad, tocar el piano.
Arreglando aparatos, talla en madera Santa María-Jesús en su brazo.

Sus manos pintan dos pasteles.
Detalles de mi piel, ojos, boca.
Me pregunto qué te pasará pintando esto.
Con cariño sus manos copian un Matisse de mi elección.
Un toque indirecto, servido a través del arte.

Como arroz pegajoso indonesio *lontong* en los Estados Unidos,
Patrick, mi hijo, en brazos del babu.
come arroz en sus manos de dos años y se da un festín
en Kalimantan. Ahora animo a mis nietos:
"Come comida asiática con las manos".

Christa, mi hija, cose su vestido de fiesta.
"No lo toques cuando yo esté en la escuela,
no quiero que el atuendo se arruine".
Le encantan los detalles, la belleza y se toma el tiempo.
Manos como las de su papá, amante de la ingeniería.

Danza antigua balinesa presentada para nosotros en el Hotel
    Horizon,
imita el loto, la hoja y el agua de la naturaleza, expresados con
    las manos,

epic scenes of the universe and legends in masks.
Several invoke spirits, induce trance,
shared with a mesmerized audience.

Three years of learning Vietnamese acupuncture,
opening energy points along meridians,
Needles placed exactly on patients' bodies.
Hot fire, moxa heat, balance Yin Yang.
Teaching in Europe, not recognized in the US.

In a dream my hands receive a second call.
Dad, irritated
by my subconscious focus on my nearing death,
urges me to utilize my hands instead.
Upset I welcome his directive, yet where, how, what?

My hands, after years of hiding safely under my thighs.
Risk breaking open.
Reach, integrate. overcome Chinese propaganda.
Courage to connect with the universal Mingjue mind,
a teacher from Beijing–Healing, loving, Qi hands.

escenas épicas del universo y leyendas enmascaradas.
Varios invocan espíritus, inducen trance,
compartido con una audiencia hipnotizada.
Tres años de aprendizaje de acupuntura vietnamita,
abriendo puntos de energía a lo largo de los meridianos,
Agujas colocadas de manera exacta en el cuerpo de los pacientes.
Fuego caliente, calor moxa, equilibra el Yin Yang.
Es una enseñanza en Europa, no reconocida en Estados Unidos.

En sueño mis manos reciben una segunda llamada.
papá, irritado
por mi enfoque subconsciente en mi muerte cercana.
Me insta a utilizar mis manos en su lugar.
Molesta, doy la bienvenida a su directiva, pero ¿dónde, cómo,
     qué?

Mis manos, después de años de esconderse a salvo debajo de mis
     muslos
arriesgan romperse.
Alcanza, integra. Supera la propaganda china.
Valentía para conectar con la mente universal Mingjue-
un maestro de Beijing, manos de Qi sanadoras y amorosas.

COMING HOME

My body calls me to a halt.
Ten days of shedding bacteria, a virus, maybe.
Gone with the garbage,
I feel exhausted by this molting,
this clean-up, this shame of all I am in these Ayahuasca
    moments,
glad to live alone.
For the umpteenth time in my life
this is an invitation to come to myself,
after losing my essence, my true self,
in a four-day turnaround of 1700 miles
and numbing of feelings partaking in a memorial at the
Standing Rock reservation,
where my body and mind freeze up to its people's suffering,
blockages that find a path into my body anyway.

What was I thinking?
Competing with the speed of the universe?
Longing to be back home?
Coming to myself maybe?
Shaming myself, the only white person there,
for not doing more?
Enough Already!
Sick as a dog spiraling into myself,
my body and mind don't want anything:
No dog walking,
no improving myself,
no people.

DE REGRESO A CASA

Mi cuerpo me pide que me detenga.
Diez días de desprendimiento de bacterias, un virus, tal vez,
se fue con la basura,
Me siento agotada por esta muda,
esta limpieza, esta vergüenza de todo lo que soy en estos
    momentos de Ayahuasca,
Me alegro de vivir sola.
Por enésima vez en mi vida.
Esta es una invitación a venir a mí misma,
Después de perder mi esencia, mi verdadero yo,
en un recorrido de cuatro días de 1700 millas
y entumecimiento de sentimientos al participar en un memorial
    en la Reserva de Standing Rock,
donde mi cuerpo y mi mente se congelan ante el sufrimiento de
    su gente,
bloqueos que encuentran un camino hacia mi cuerpo de todos
    modos.

¿Qué estaba pensando?
¿Compitiendo con la velocidad del universo?
¿Anhelando volver a casa?
¿Regresar a mí tal vez?
Avergonzandome a mí misma, la única persona blanca allí,
¿Por no hacer más?
¡Basta ya!
Enfermo como un perro que da vueltas dentro de mí misma,
mi cuerpo y mi mente no quieren nada:
No pasear perros,
no mejorarme a mí misma,
a nadie.
Quiero descansar, descansar de mi propia cabeza ocupada,

I want rest, rest from my own busy head self,
consumed by the voice that wants to make me more than I am.
    Weekly Zooms with the book club,
       breathing exercises,
          virtual sangha's,
            meditation and neuroscience explorations,
              following the wars of this world,
                that cell phone addiction,
                  And now *Zhineng Qigong?*
Why can't I just be who I am? Swing in a hammock
in the jungle, receiving the little things from life.
Go with the flow.
Enough Already!

My brain makes a U-turn to my beginnings. Again.
Monologues, sarcasm, jokes, war stories, love, grief, and anger.
This critical voice descending through generations.
Why do I partake in that unholy ghost?
This phantom occupying my head,
running around like a chicken without head while
unconsciously scheming against my very self.
Shifting begins with me,
just want my true gut-belly self!
Control.   *El Pecado del mundo.*
Oh, the shift you and I must make,
so generations stay alive on this sacred earth,
so the gods in our life find their deserving match—the Goddess.

The gut, Indigenous and scientists say, is our true brain,
there where the sun is braided,
dimmed by my colitis from food addiction,

consumido por la voz que quiere hacerme más de lo que soy.

Zooms semanales con el club de lectura,

ejercicios de respiración,

sanghas virtuales,

exploraciones de meditación y neurociencia,

tras la guerra entre Ucrania y Rusia,

esa adicción al teléfono celular.

¿Y ahora *Zhineng Qigong*?

¿Por qué no puedo simplemente ser quien soy? Columpiarme en
una hamaca

en la selva, recibiendo las pequeñas cosas de la vida.

Dejarme llevar, ir con el flujo.

¡Ya fue suficiente!!

Mi cerebro da un giro de 180 grados hacia mis inicios. De nuevo.

Monólogos, sarcasmos, chistes, historias de guerra, amor, pena y ira.

Esta voz crítica desciende de generación en generación.

¿Por qué participo de ese fantasma impío?

Este fantasma ocupando mi cabeza,

corriendo como un pollo sin cabeza mientras

inconscientemente conspira contra mí misma.

El cambio comienza conmigo,

¡Solo quiero mi verdadero yo visceral!

Control.   El pecado del mundo.

Oh, el cambio que tú y yo debemos hacer,

para que las generaciones sigan vivas en esta tierra sagrada,

para que los dioses en nuestra vida encuentren su merecido uno

a uno con la Diosa.

El intestino, dicen los indígenas y los científicos, es nuestro
verdadero cerebro.

allí donde se trenza el sol,

atenuado por mi colitis por adicción a la comida,

devorando patatas fritas y queso –

devouring chips and queso–
        eating away my childhood's critical voice.
How about consuming food as medicine?
Green tea, rice, tofu, stop the dairy and sweets.
Inflaming drive of bettering, of more, of not enough, while
my body screams to make space for my true feeling-self.
Enough Already!

I create my own destiny.
A ray carrying lightness penetrates fixations and discomfort:
   Sees flowers,
      hears the rain,
         captures the wind,
            connects with clouds,
               feels the love.
                  A finesse *de la Vida*
soft with *la ternura* our world is afraid of.

... *Chica*, you are still not opening your mouth!
You still don't dare! How long will you wait?
Your life is almost over.
It ain't a competition to find, to feel your true self,
   to open your heart, its innocence,
     to rest, to flow
       to paint, sculpt, write,
         to laugh, to cry
merge with nature,
   grow your garden,
     have sacred sex.
Trrrrranquila.

carcomiendo la voz crítica de mi infancia.
¿Qué tal consumir alimentos como medicina?
Té verde, arroz, tofu, deja los lácteos y dulces.
Impulso inflamable de mejorar, de más, de no ser suficiente,
   mientras.
Mi cuerpo grita para hacer espacio para mi verdadero yo
   emocional.
¡Ya tuve suficiente!

Yo creo mi propio destino.
Un rayo portador de ligereza atraviesa fijaciones y malestares:
   Ve flores,
      escucha la lluvia,
         captura el viento,
            se conecta con las nubes,
               siente el amor.
                  Una delicadeza de la vida
suave con la ternura que nuestro mundo teme.

... ¡Chica, todavía no abres la boca!
¡Aún no te atreves! ¿Cuánto tiempo esperarás?
Tu vida casi ha terminado.
No es una competencia para encontrar, para sentir tu verdadero
   yo,
para abrir tu corazón, su inocencia,
para descansar, fluir
   pintar, esculpir, escribir,
      reír, llorar
         fusionarse con la naturaleza,
            haz crecer tu jardín,
               Tener sexo sagrado.
Traaaannnnn quiiiii llaaa.

Fixed on the evolution of the fittest, you and I repeat the dark,
enslaved to the negative like a fish fighting its hook.
I need two black stripes painted on my cheekbones,
like Astros Altuve or
a Guatemalan mask maybe, to protect myself,
from domination -
CONTROL
        -cast out its sickness.
Raise my gut power instead, surprise myself with a home run.

Don't think they will say "She was a lady,"
I want it and I don't want our cultural—societal norms.
Just want the I Am.
Good for those coming after me I heard.
I wonder if I'm fit for tenderness.
Life, fine-tuned.
kindly spoken,
refined, a bit flirty too.
                        Power up for a shift.

What shift? Where is it, find it!
This change nudges me, my woman-self.
Stronger, insightful—giving up the downbeat drum for
a pulse of love, true feelings infused with life,
penetrating linear thinking.

First, I need to push myself away from that train,
men and women huddled together,
dragged off to kill by autocratic leaders' wars
to possess land, minerals, control people? Freedom? What
     freedom?
Nations' suicidal bulldozers of economy, war, desires of more is
     better,

Obsesionados con la evolución del más fuerte, tú y yo repetimos
   la oscuridad,
esclavizados a lo negativo como un pez luchando contra su
   anzuelo.
Necesito dos franjas negras pintadas en mis pómulos,
como Altuve de Astro o
una máscara guatemalteca tal vez, para protegerme,
de la dominación y CONTROL.
   Expulse esta enfermedad.
A cambio, aumentar mi poder visceral, sorprenderme con un
   home run.

No creas que dirán "Era una dama".
Quiero y no quiero nuestras normas culturales y sociales.
Sólo quiero el Yo Soy.
Es bueno por los que vienen detrás de mí, una vez escuché.
Me pregunto si soy apta para la ternura.
Sintonizada con la vida afinada.
Hablar amable,
refinada, también un poco coqueta.
               Préndete, junta tus energías para hacer un cambio.

¿Qué cambió? ¿Dónde está? ¡Encuéntralo!
Este cambio me empuja a mí, a mi ser mujer.
Más fuerte, perspicaz: renunciar al ritmo fuerte del tambor por
un pulso de amor, sentimientos verdaderos infundidos de vida,
horadando el pensamiento lineal.

Primero, necesito alejarme de ese tren,
hombres y mujeres apilados,
arrastrados a matar por las guerras de líderes autocráticos
para poseer tierras, minerales, controlar a la gente? ¿Libertad?
   ¿Qué libertad?
Las excavadoras suicidas de la economía, la guerra y los deseos
   de que más es mejor,

Wrapped in plastic!
Cast away that nonsense!
We all must save ourselves into unity with
fresh air, blue waters, beaches, mountain trails, feeling deeply,
    the moon, the stars,
      the flowers, music,
        childlike innocence,
          presence, dialogue,
          vulnerability.
Beating with an open Heart. *Escucha* mi Amor!

Roman Catholic Harry, are you still a fan of mine?
Still ready for the next dance?
You did like strong women you said.
Next life we need to chat about that a bit more,
find a new path while dancing with the butterflies.

¡Envuelto en plástico!

¡Desecha ese sinsentido!

Todos debemos salvarnos a nosotros mismos en la unidad con
aire fresco, aguas azules, playas, senderos de montaña,

    sentimiento profundo,

    la luna, las estrellas,

      las flores, la música,

        inocencia infantil,

          presencia, diálogo

            vulnerabilidad.

Latiendo con el corazón abierto. ¡Escucha mi Amor!

Harry católico romano, ¿aún eres fan mío?

¿Aún estás listo para el próximo baile?

Dijiste que te gustaban las mujeres fuertes.

En la próxima vida tendremos que hablar un poco más sobre eso,

encontrar un nuevo camino mientras bailamos con las

    mariposas.

                        ⋘⋘⋙

THERAPY

What is the difference between the U.S. and the Dutch culture,
he asks while working on my neck,
whiplashed by two trucks hitting me first
left and then right on Christmas eve.

"*Gezelligheid*," I smile, transported,
hanging out with others in forgetfulness of self.
It's *gezellig* to walk the streets in Amsterdam, while
smells of food, masses of people and rolling trams keeping me
    alert.

I'm afraid you will crack my neck and make things worse.
It's not done for this condition; He stretches a neck muscle to
    the limit.
Assured, my mind returns to a room full of people, a birthday
    party.
The low key humming of folks talking and laughing, the smell
    of coffee.

Last week after treatment my body hurt for a couple of days.
Your kidneys will flush that poison out, drink lots of water.
Being in a rush is not *gezellig*, I tell him, and oh my gosh,
being on your phone drops you out completely.

You must learn how to be a groupie, celebrate the unimportant
with music and togetherness dressed in orange for the birthday
of the Dutch king, your child, daughter, or friend,
make it big, joyful, this closeness—a bit over the top.

Have you been to New Zealand or Australia? He asks.
I shift and wonder if people are *gezellig* there as I ponder

TERAPIA

¿Cuál es la diferencia entre la cultura estadounidense y
    holandesa?
Me pregunta mientras trabaja en mi cuello,
azotado por dos camiones que me golpearon primero a la
izquierda y luego a la derecha en la víspera de Navidad.

"*Gezelligheid*," yo sonrei, transportada,
yo salí con otros, olvidándome de mi misma.
Es *gezellig* caminar por las calles de Ámsterdam, mientras que
los olores a comida, masas de gente y tranvías rodantes me
    mantienen alerta.

Tengo miedo de que me rompas el cuello y empeores las cosas.
No está hecho para esta afección; Estira un músculo del cuello
    hasta al límite.
Segura mi mente regresa a una sala llena de gente, a una fiesta
    de cumpleaños.
El murmullo discreto de la gente hablando y riendo, el olor a café.

La semana pasada después del tratamiento me dolió el cuerpo
    durante un par de días.
Tus riñones eliminarán ese veneno, beba mucha agua.
Tener prisa no es *gezellig*, le digo, y ¡Dios mío!
estar en tu teléfono te deja completamente desconectada.

Debes aprender a ser groupie, a celebrar lo sin importancia.
con música y unión vestidos de naranja para el cumpleaños
del rey holandés, su hijo, hija o amigos,
haz que esta cercanía sea grande, alegre, un poco exagerada.

¿Has estado en Nueva Zelanda o Australia? Él pregunta.
Me muevo y me pregunto si habrá gente allí mientras reflexiono.

the Aboriginals–the sound of their didgeridoo, snakes on
    paintings,
New Zealand's Māori people, their haka performances.

I'm back with the Dutch in the town of Delft–a cup of coffee?
A pillow in your back?
The Friesian clock on the wall chimes twice the hour,
her house smells of Indonesian food.
Tell me Ing, tell me all about it. I love hearing about your
    friendships.

Can you repeat that word? He asks. *Gezellig* I say,
Pronouncing it in a real Dutch way, *Guzeeeeelug*.
On the way home I buy some flowers.
For the *gezelligheid*, I think.

los aborígenes—el sonido de su didgeridoo, serpientes en las
   pinturas,
los maoríes de Nueva Zelanda, sus actuaciones de haka.

Estoy de vuelta con los holandeses
   en la ciudad de Delft: ¿una taza
   de café?
¿Una almohada en tu espalda?
El reloj Frisón de la pared suena dos
   veces a cada hora,
su casa huele a picante de comida
   de Indonesia.
Cuéntame Ing, cuéntamelo todo. Me encanta saber de tus
   amistades.

¿Puedes repetir esa palabra? Él pide. *Gezellig* digo,
Pronunciándolo en un verdadero estilo holandés, Guzeeeeelug.
De camino a casa compró algunas flores.
Para el *gezelligheid*, yo creo.

GUT LANGUAGE

My body, its inners part of the divine,
has a gut digesting more than food.

Some people center in the heart, or brain.
My world lands through my stomach,

where disjointed entities, worries and anxiety,
nest in burdens of cramp—rumbling marshes.

If I could only swoosh the infection away,
perceive this world fresh—stand in fulness

break the spell of this yang world of
hurry, distrust, analysis, food poisons

to Yin vulnerability, floating softness, strength.
Enough!

My active mind and endless figuring out
could shift to   music,   dance,   nature.

Childlike Being.
Letting my body lead, hold steady.

Trees stand in place through storms and rain,
their openness receives all.

How do I heal my body's gut, trust its wisdom to
respond with non-attachment and confidence?

Rest, stop ghosting my emotions.

LENGUAJE DEL PRESENTIMIENTO

Mi cuerpo, sus entrañas parteN de lo divino,
Tiene un intestino que digiere más que comida.

Algunas personas se centran en el corazón o el cerebro.
Mi mundo se posa a través de mi estómago,

donde entidades inconexas, preocupaciones y ansiedades,
anidan en cargas de calambres: pantanos ruidosos.

Si tan solo pudiera eliminar la infección,
percibir este mundo fresco—estar en plenitud-

romper el hechizo de este mundo yang de
prisa, desconfianza, análisis, venenos alimentarios

a la vulnerabilidad Yin, suavidad flotante, fuerza.
¡Suficiente!

Mi mente activa y mi pensar interminable,
podrían cambiar a la música, la danza, la naturaleza.

Ser infantil.
Dejando que mi cuerpo lidere, se mantenga estable y firme.

Los árboles se mantienen firmes a través de las tormentas y la
    lluvia,
su apertura lo recibe todo.

¿Cómo sana el intestino de mi cuerpo? Confío en su sabiduría,
respondo con desapego. Confianza.

Descansa, deja de ocultar mis emociones.

Welcome my world with a smooth touchdown. Like the captain
    of a Boeing landing in Chicago

On the wind—trusting its gear's to touch base.

Da la bienvenida a mi mundo con un
    suave aterrizaje. Como el capitán de
    un Boeing que aterriza en Chicago

En el viento, confiando que su equipo
    toque la base.

~~~~~

Woman

La Mujer

WOMAN'S DREAM

I dream about myself, empowered to the fullest,
embodied awareness of the seen and unseen "I am."
An intuitive goddess, with her reproductive rights.

Mirror to the world, womyn to the core.
Standing woken up, to her true essence.
Catching nature's spirit, opening for the next generation.

I dream of a femme who articulates passions beyond
cultural, societal norms, religious dogma, and drama.
Organic co-existent with forests, seas, plants. All creatures.

I dream of relationships,
truth spoken from body, mind, and heart.
Bold intimacy. Mutual doing without violence.

I dream of womyn ringing in their freedom.
Earth, fire, air, and water. Balanced.
Humanity linked to the fullest.

Farewell, power grabbers.
Your energy will be left behind by
Medusa's snakes.

No more exploitation,
the old singular ways of thinking
instead, collaboration and celebration, that unifies.

A feminine force on a journey to the heart of the world.
No oppression, no victimhood, but
a bear evolution for the Americas and everywhere.

SUEÑO DE MUJER

Sueño conmigo misma, empoderar al máximo,
conciencia encarnada del "Yo soy" visible e invisible.
Una diosa intuitiva, con sus derechos reproductivos.

Espejo del mundo, mujer hasta la médula.
De pie despierta, a su verdadera esencia.
Captando el espíritu de la naturaleza, abriéndose a la próxima
    generación.

Sueño con una mujer que articule pasiones más allá
de normas culturales, sociales, dogmas religiosos y drama.
Orgánica coexistencia con bosques, mares, plantas. Todas las
    criaturas.

Sueño con relaciones,
verdad dicha desde el cuerpo, la mente y el corazón.
Intimidad audaz. Hacer mutuo sin violencia.

Sueño con mujeres resonando en su libertad.
Tierra, fuego, aire y agua. Equilibrado.
La humanidad unida al máximo.

Adiós, acaparadoras de poder.
Su energía será dejada atrás
por las serpientes de Medusa.

No más explotación,
las viejas formas singulares de pensar
a cambio, colaboración y celebración, eso une.

Una fuerza femenina en un viaje al corazón del mundo.
Sin opresión, ni victimismo, sino
una evolución para las Américas y en todas partes.

Womyn young and old, respected, trusted.
Part of the human race—all creatures.
Infinite imagination—love ever changing.

Mujeres jóvenes y mayores, respetadas y confiables.
Parte de la raza humana: todas las criaturas.
Imaginación infinita: amor en constante cambio.

UNIQUE

Owning my femininity, I build upon my past.
I unfold beyond her history.
Life manifested for those next in line,
I open my heart then close it again to open it even more,
like the morning star wakes us up with its brilliance.

I experience a magical life force endlessly healing:
Grounding, after losing my husband,
I moved my children across the pond then back to the US again,
ever pushing to match curiosity and sharing experiences,
across this planet.

A career of hustling experiences of international food,
economy, religion, art—above all a personal experience with
foreigners,
building trust and sparking a sense of friendship-unison.
Today, I search for love, its mysteries beyond the human,
expanding my views on relationships and the cosmos.

For this I overcome dreads like shyness, touch, and fears.
I stumble and drift, do and undo, run away then merge.
Move my life beyond my personal norms.
The value of my diplomas,
now building blocks.

My body roams and groans on the inside,
supreme in knowledge of destruction and creation.
My structure makes new livers, new cells, and stores eggs.

ÚNICA

Al ser dueña de mi feminidad, construyó sobre mi pasado.
Me desdoblo más allá de su historia.
La vida manifestada para los que siguen en la fila.
Abro mi corazón y luego lo vuelvo a cerrar para abrirlo aún más,
como la estrella de la mañana nos despierta con su brillo.

Experimentó una fuerza vital mágica de sanación infinita.
La conexión a la tierra, después de perder a mi marido,
trasladé a mis hijos al otro lado del charco y luego de regreso a
    los Estados Unidos,
siempre esforzándonos por igualar la curiosidad y compartir
    experiencias,
en todo este planeta.

Una carrera de experiencias agitadas de comida internacional,
economía, religión, arte—sobre todo una experiencia personal
    con extranjeros,
generando confianza y generando un sentimiento de amistad-
    unísono.
Hoy busco el amor, sus misterios más allá de lo humano,
ampliando mis puntos de vista sobre las relaciones y el cosmos.

Para ello superó temores como la timidez, el tacto y otros miedos.
Tropiezo y me desvío, hago y deshago, huyó y luego junto caminos.
Llevo mi vida más allá de mis normas personales.
El valor de mis diplomas,
ahora bloques de construcción.

Mi cuerpo deambula y gime por dentro,
supremo conocimiento de la destrucción y la creación.
Mi estructura produce nuevos hígados, nuevas células y
    almacena óvulos.

It has a womb, in which dividing cells, after unison, grow
    babies.
I stand naked in this life of duality and oneness.

Open then closing myself through a natural rhythm of breath,
I impact the planet, good or bad, moving or standing.
My spontaneous intuitions, in all its distinctiveness,
relates, speaks my truth, merges with order and chaos.
Always changing.

Nudged by feelings, I encounter family, friends, animals,
butterflies, trees, strangely formed clouds-like the ones of
forty years ago, bridging two halves of this planet.
A blue sky, mountains in the background, pushed up over
    centuries.
My centuries!

I co-create from a resilient heart, sing words from insights.
And long for my match on equal setting,
your god and my goddess to the fullest.
Our dance could generate enough tension and love force,
to birth life in the flesh on the edges of our destiny.

Tiene un útero, en el que las células que se dividen, al unísono,
   crecen bebés.
Estoy desnuda en esta vida de dualidad y unidad.

Abrirme y luego cerrarme a través de un ritmo natural de
   respiración,
impacto el planeta, para bien o para mal, en movimiento o sin él.
Mis intuiciones espontáneas, en todo su carácter distintivo,
se relacionan, dicen mi verdad, se fusionan con el orden y el
   caos.
Siempre cambiando.

Empujada por los sentimientos, me encuentro con familiares,
   amigos, animales,
mariposas, árboles, nubes de formas extrañas, como las de
hace cuarenta años, enlazando las dos mitades de este planeta.
Un cielo azul, montañas al fondo, levantadas a lo largo de siglos.
¡Mis siglos!

Co-creo desde un corazón resiliente, canto palabras a partir de
   revelaciones.
Y anhelo mi juego en igualdad de condiciones,
tu dios y mi diosa al máximo.
Nuestro baile podría generar suficiente tensión y fuerza
   amorosa,
para parir la vida en la carne en los bordes de nuestro destino.

DESTINY

Crystalized trust in that river of destiny.
Experiencing the journey and longing
for a calming outpour into what?

The canoe ride offers slides from imagination.
Rolling life and death, deeply feeling,
I fall into forgetfulness.

A mystery beckons—let go of fear,
of being diminished, the self-importance.
Innocence is for the masters.

Relying on life's crescendos
to lift me beyond reactions and self-indulgence
I test my resilience, my love.

Embrace,
receive this fleshy life on earth.
I open my heart a bit wider.

I observe the interaction of rock and water.
And embrace this ever changing
shared ground.

Cobble sounds from the river lure,
demand respect when at times
She appears to be a destructive monster.

Acceptance of its nature calms
our union trembles,
awaiting a moment of stillness.

DESTINO

Confianza cristalizada en ese río del destino.
Experimentando el viaje y anhelando
¿Un derramar tranquilizante, sobre qué?

El paseo en canoa ofrece toboganes de la imaginación.
Rodando vida y muerte, sintiendo profundamente,
Caigo en olvidar.

Un misterio me llama: deja ir el miedo,
de ser disminuido, la importancia personal.
La inocencia es para los maestros.

Confiando en los crescendos de la vida
para elevarme más allá de reacciones y autocomplacencia
Pongo a prueba mi resiliencia, mi amor.

Abarcar,
recibir esta vida carnal en la tierra.
Abro mi corazón un poco más.

Observó la interacción de la roca y el agua.
Y abrazo este siempre cambiante
suelo compartido.

Los sonidos de piedras del río atraen,
demandan respeto cuando a veces
Ella parece ser un monstruo destructivo.

La aceptación de su naturaleza calma
nuestra unión tiembla,
esperando un momento de quietud.

We cosmically unite a vast universe,
expand by surrender.
Adventure of a Great Mystery.

Cósmicamente unimos un vasto universo,
Expandirse a través de rendirse.
Aventura de un Gran Misterio.

I AM

I am the eye reflecting, moving rapidly even when standing still,
energy altering you and me,
a tectonic plate searching for and quaking my position.
I am the echo of my own thinking, shifting, sliding, shining.

I am breaking free of you and me escaping our slumber,
running my life's river through rapids in a kayak,
enduring lichen on rocks, clinging to millennia, paying it
    forward.
I am sensing the firmness of a dirt-floor, its smell and ground
    under my bare feet.

I am the adult eye of the muscular *Tatanka* braving its
    environment,
the observer of the "I am" or is it the other way around?
A child splashing in a puddle wearing wellies made of rubber
    everlasting.
I am a backbone, mimicking the Rockies, and will be a carcass
    someday rotting, crumbling.

I am postponing accepting who I am because I feel first—then I
    use my wit,
loosening my thoughts and feelings, so I'm less lonely but not
    cheap or for sale,
striking thunder when you have gone too far, making space for
    the new.
I am interconnected and need to kick you out, displaced in my
    center.

I am the gap of potential between knowing and doing,
stoic, going for serenity, joy, and innocence,

SOY

Soy el ojo que refleja, que se mueve rápidamente incluso estando
   quieto,
energía alterándonos a ti y a mí,
Una placa tectónica buscando y sacudiendo mi posición.
Soy el eco de mi propio pensamiento, cambiando, deslizándose,
   brillando.

Me estoy liberando de ti y de mí escapando de nuestro letargo,
corriendo el río de mi vida a través de rápidos en un kayak,
soporto el liquen en las rocas, aferrándose a milenios, pagando
   por adelantado.
Siento la firmeza de un suelo de tierra, su olor y la textura bajo
   mis pies descalzos.

Soy el ojo adulto del musculoso *Tatanka* desafiando su entorno,
el observador del "yo soy" o es al revés?
un niño chapoteando en un charco con botas de goma.
Soy una columna vertebral que imita a las Montañas Rocosas y
   algún día seré un cadáver
pudriéndose y desmoronándose.

Estoy posponiendo aceptar quién soy porque primero siento y
   luego uso mi ingenio,
aflojando mis pensamientos y sentimientos, para sentirme
   menos sola, pero no barata ni en venta,
trueno ensordecedor cuando has ido demasiado lejos, dejando
   espacio para lo nuevo.
Estoy interconectada y necesito echarte, desplazada en mi
   centro.

Soy la brecha de potencial entre el saber y el hacer,
estoico, buscando la serenidad, la alegría y la inocencia,

an artist summoned by my muse, easily bored.
I am stillness and storm, weaving to fiddle and jiggle in the
    middle.

I am falling and rising, vulnerable and resilient,
missing the train till my final adieu,
navigating the healing of our wounds.
I am releasing your hook, untouched, un-spooked, and
    unimpressed.

I am the body casting off garments,
a practitioner of happiness doing the cartwheels of life,
light as a feather, deep, seldom shallow, navigating insight.
I am uncontrolled blades of grass, swaying both you and me in
    the wind.

I am a delicious salty oyster, carrying a pearl,
a grizzly, wolf, snake, lizard, and eagle.
I am flexible, allowing you and me–a gem in the making.

un artista convocado por mi musa, que se aburre fácilmente.
Soy quietud y tormenta, tejiendo para agitarme y juguetear en el
medio.

Estoy cayendo y levantándome, vulnerable y resistente,
perdiendo el tren hasta mi último adiós,
navegando por la curación de nuestras heridas.
Estoy soltando tu anzuelo, sin haber sido tocada, sin haberme
asustando y sin impresionarme.

Soy el cuerpo que se despoja de sus vestiduras,
un practicante de la felicidad haciendo las volteretas de la vida,
ligera como una pluma, profunda, rara vez superficial, con
visión de navegación.
Soy las briznas de hierba incontroladas, que nos balancean a ti y
a mí con el viento.

Soy una ostra deliciosa y salada, que lleva una perla,
un oso pardo, un lobo, una serpiente, un lagarto y un águila.
Soy flexible permitiéndote ser a ti y a mi—una gema
formándose.

ABOUT THE AUTHOR

Born in Rotterdam, the Netherlands, Ingeborg follows her life's journey to the "heart" of the world guided by strong leaders and deep experiences. She is a mother, grandmother, interculturalist, a spiritual director, artist, and international author, experiencing life with the hope of inspiring others.

Her poetry and prose, often intuitive, guides to integrate inner and outer realities while not being afraid to touch tough topics. She explores dreams, the shadow, and the human emergence with a deep longing of peace for humanity.

Every encounter—whether with a person, a fig plant, Sourdough Creek, a bison herd, eagles, or the rolling thunder in the sky has something to share in the form of relationship. Drawn to the ancient ways, she received teachings from Indigenous elders, and from master Kien Nguyêt while at Trúc Lâm Tây Thiên in Vietnam.

Her artistic journey unexpectedly began, in the presence of an Apache Medicine man sculpting clay figures in a spontaneous outpouring of creative energy. Later painting became another form of intuitive expression. She studied acupuncture at the École de Médecine Orientale Hai-Thuong and practices Zhineng Qigong, and explores consciousness.

ACERCA DE LA AUTORA

Nacida en Rotterdam, Países Bajos, Ingeborg sigue el viaje de su vida hacia el "corazón" del mundo guiada por líderes fuertes y experiencias profundas. Es madre, abuela, interculturalista, directora espiritual, artista y autora internacional, y experimenta la vida con la esperanza de inspirar a los demás.

Su poesía y su prosa, a menudo intuitivas, guían para integrar las realidades interiores y exteriores sin temer tocar temas difíciles. Explora los sueños, la sombra y la emergencia

Photo credit/Credito de la foto: Zuzana Gedeon

humana con un profundo anhelo de paz para la humanidad.

Cada encuentro, ya sea con una persona, una planta de higuera, el arroyo Sourdough, una manada de bisontes, las águilas o el trueno del cielo, tiene algo que compartir en forma de relación. Atraída por los caminos antiguos, recibió enseñanzas de los ancianos indígenas y del maestro Kien Nguyêt mientras estudiar en Trúc Lâm Tây Thiên, en Vietnam.

Su viaje artístico comenzó de forma inesperada, en presencia de un curandero apache que esculpía figuras de arcilla en un derroche espontáneo de energía creativa. Más tarde, la pintura se convirtió en otra forma de expresión intuitiva. Estudió acupuntura en la École de Médecine Orientale Hai-Thuong y práctica Zhineng Qigong, y explora la conciencia.

During her ten beautiful years of marriage, she and her husband Toby along with their children lived in Guatemala, Venezuela, the Middle East, Indonesia and Europe before eventually settling in the US where she cherishes being an *Oma* to six grandchildren.

The University of Houston-Clear Lake gave Ingeborg the space to share her international experiences in a way that truly connected people from different lands.

Writing has been a constant thread in Ingeborg's journey, a way to weave together her cross-cultural life and experiences which became her memoir *On Foreign Ground, A True Story of a Wild Soul*. She contributed research and writings to the book *Learning to Live, Learning to Die* by Blanca Diez M.D., and shares her voice through poetry and prose with her bilingual collection *Macaws in the Sky* in English and Spanish.

These days, she calls Montana her home, and finds joy in gathering with writers and poets, sharing ideas and letting inspiration flow. In the summer you might find her in Yellowstone National Park, quietly watching bison herds, or further South, swimming with sea lions and whale sharks in Mexico. Currently, she's drawn to the rich culture and literature of Mexico and Colombia.

Durante sus diez hermosos años de matrimonio, ella y su marido Toby junto con sus hijos vivieron en Guatemala, Venezuela, Oriente Medio, Indonesia y Europa antes de establecerse finalmente en los Estados Unidos, donde ella aprecia ser una Oma a seis nietos.

La Universidad de Houston-Clear Lake dio a Ingeborg el espacio para compartir sus experiencias internacionales de una manera que realmente conectó a personas de diferentes tierras.

La escritura ha sido un hilo constante en el viaje de Ingeborg, una forma de entretejer su vida y experiencias interculturales que se convirtieron en sus memorias *On Foreign Ground, A True Story of a Wild Soul*. Ha contribuido con su investigación y sus escritos al libro *Learning to Live, Learning to Die* de Blanca Diez M.D., y comparte su voz a través de la poesía y la prosa con su colección bilingüe *Guacamayas en el Cielo* en ingles y español.

Actualmente vive en Montana y disfruta reuniéndose con escritores y poetas, compartiendo ideas y dejando fluir la inspiración. En verano se la puede encontrar en el Parque Nacional de Yellowstone, observando en silencio las manadas de bisontes, o más al sur, nadando con leones marinos y tiburones ballena en México. Se siente atraída por la riqueza cultural y literaria de México y Colombia.

www.ingramcontent.com/pod-product-compliance
Lightning Source LLC
Chambersburg PA
CBHW030312130626
46549CB00002B/821